Rainer Madsen

Tiere wie ich und du.

Rainer Madsen

Tiere wie ich und du.

Heitere Gedichte

Fromm Verlag

Imprint

Cover image: www.ingimage.com

Publisher:
Fromm Verlag
is a trademark of
International Book Market Service Ltd., member of OmniScriptum Publishing Group
17 Meldrum Street, Beau Bassin 71504, Mauritius

Printed at: see last page
ISBN: 978-613-8-35313-3

Rainer Madsen

Tiere wie ich und du

Heitere Gedichte

Zum Geleit

Man liest: *Der Rabe krächzt ´ra, ra´.*
Und schon sind die Gedanken da:

- „Wohl eine zarte Allusion;
Man hört es an dem Fabelton."
- „Die Zeile zeugt von Kindlichkeit,-
ein Ausdruck der Befindlichkeit?"
- „Oh, ein verzweifelter Appell;
der Sprecher ruft: ´Zu Hilfe, schnell!´."
- „Expositorisch stellt er dar,
die Wirklichkeit sei einfach, wahr."
- „Des Raben wiederholtes ´ra´
erinnert mich an den Dada; -
der Raraismus ist entstanden!"

In Wirklichkeit kam was abhanden
so wie des Sängers Käsestück.

Jedoch kommt ein Gefühl von Glück,
wenn man erkennt: Es ist nichts weiter
und soll nichts sein als freundlich-heiter.

Inhalt

Alle Texte und Zeichnungen stammen, wenn nicht eigens anders gekennzeichnet, von Rainer Madsen

1.
Mein Mann hat eine Meise
witzig & komisch

Auf der Roten Liste

Die Dame lässt sich nicht verführen,
jedenfalls nicht mit Liebesschwüren.
Da lockt er sie auf andere Art:
„Wir stehen auf der Roten Liste.
Steig also mit mir in die Kiste –
zur Erhaltung unserer Art!“

Dr. Faultiers Rat

Der Alltag schlage auf den Magen,
es müsse immer Lasten tragen,
beklagte sich beim Arzt das Maultier.

„Dazu nur dieses“, sprach das Faultier:
„Dem Alltagsstress kannst du entgehen,
vermeidest du es aufzustehen.“

Tiermedizin

„Und wie behandeln Sie ein Pferd,
das einen Schlüsselbeinbruch hat?“
„Mit Gips und Tetanus ist nie verkehrt!“,
erklärt der Prüfungskandidat.
Der Mediziner lächelt: „Fein!
Es wäre übrigens das erste Pferd
mit einem Schlüsselbein!“

Der Stammbaum

Ob der Hund einen Stammbaum hat?
Ja, die Eiche dort in der Stadt.

Rüden unter sich

Eine Sky-Terrier-Dame: verwegen
stolziert sie an zwei Rüden vorüber.
„Junge, Junge,
die möcht´ ich mal küssen;
super Figur, tolles Kaliber,
mollig und doch nicht zu rund!“,
schwärmt der eine Hund
und schnalzt mit der Zunge.
„Und woher willst du das wissen?“,
fragte der andere überlegen.
„Ich hab´ sie neulich im Regen
gesehen, mein Lieber!“

Hundenamen

„Ich heiße ´Puh´",
sagt der Spitz
zu dem Chow-Chow,
„und wie heißt du?"
„Das weiß ich nicht genau.
Ich glaub´, ich heiße ´Sitz´."

Advent[1]

Advent, Advent,
ein Hündchen rennt.
Erst eins, dann zwei,
dann drei, dann vier,
dann stehen alle an der Tür
der Weihnachtsbäckerei.
Da gibt´s ab heute kostenfrei
für jeden Hund
ein Stückchen Kuchen.
Das Herrchen staunt,
das Frauchen auch:
Das ist ein neuer Weihnachtsbrauch.

[1] In: Rainer Madsen, *Der Schlüssel im Baum. Lyrische Resonanzen,* Fromm Verlag: Beau Bassin 2018, S.60.

Gerechtigkeit

Ein Hund beschwert sich in der Bahn:
„Herrchen hat für mich geblecht,
also wär´ es doch gerecht,
dass ich ´nen Sitzplatz haben kann.“

„Ich hab´ wirklich nichts dagegen“,
sagt der Schaffner, „meinetwegen.
Deine Beine darfst du dann
auch nicht auf den Sitzplatz legen.“

Adel verpflichtet

Zwei schwarze Kater treffen sich.
„Gehörst du hier dem Hausverwalter?“
„Oh, ich, mein Herr, bin adelig –
mit Stammbaum bis zum Mittelalter.
Gestatten: Gunter von Burg Autsch.
Und wie, mein Lieber, ruft man dich?“
„Auch ich bin dann wohl adelig
und heiße ´Runter von der Couch´!“

Ferkelei

Als Muttersau das Jungschwein fand,
das sich in Mist und Schlamm gewälzt,
da rief sie außer Rand und Band:
„Schau, wem du so gefällst!
Gleich holt dich die Frau Merkel,
du … Ferkel!“

Steckdosen-Verwandtschaft

Das Ferkel steht etwas beklommen
vor einer weißen Wandsteckdose
und sagt: „Die Nase! Diese Pose!
Doch wie bist du hineingekommen?“

Zwei Ziegen und kein Bock

Fragt ´ne Ziege aus Frisco
´ne andre im Minirock:
“Kommst du mit in die Disco?“
„Nö, hab´ grad keinen Bock!“

In der Hasen-Grundschule

Der Lehrer fragt in Klasse vier:
„Nun überlegt: Was stellst du dir
wohl unter einer Brücke vor?“
Ein Häschen kratzt sich hinter´m Ohr,
ein anderes kaut auf Haselnuss,
ein drittes sagt dann: „Einen Fluss!“

Über den Sohn des Siebenschläfers

„Weiß nicht, woran das liegen kann:
Für Ihren Sohn, Frau Siebenschläfer,
ist Unterricht ´ne Einschlafdroge;
sonst schaut er meist auf seine Uhr
und int´ressiert sich scheinbar nur -
salopp gesagt - für flotte Käfer.“
„Oh, das hat er von meinem Mann;
der ist Koleopterologe[2]!

Das Murmeltier-Kind

„Ihr Kind beteiligt sich fast nicht
an dem Gescheh´n im Unterricht.
Es wirkt auch immer so verpennt!“

„Ich weiß nicht, ob Sie mich versteh´n.
Ich mein´, man kann´s auch anders seh´n:
Es schlummert in ihm das Talent!“

Schildkröten-Kauf

„Noch jung und auf direktem Wege
kommt dieses Tier aus Griechenland
und wird bestimmt bei guter Pflege
wohl über hundert Jahre alt.“
Der Tierfreund sagt, als er bezahlt:
„Da bin ich aber mal gespannt!

[2] Wissenschaftler auf dem Gebiet der Koleopterologie, eines Teilbereichs der Zoologie, auf dem man sich mit Käfern befasst.

Finderlohn

Ein Mäusepärchen spielt Verstecken.
Sie verspricht ihm Finderlohn:
„Du darfst mich morgen früh wecken,
findest du mich heute schon."
„Und wenn ich dich nun schneller finde?"
„Dann kriegst du meine Käserinde."
„Und find´ ich dich sofort?"
„Dann darfst du mich mal küssen."
„Gibst du mir darauf dein Wort?"
„Klar! – Ich bin da drüben im Kissen!"

Aus der Lehrerkonferenz der Vogelschule

„Der Schüler sieht nichts, wenn er guckt,
und weiß auch nichts zu sagen",
erregt sich Dr. Wiedehopf.
„Wenn er mal ein Insekt verschluckt,
hat er mehr Hirn im Magen
als in seinem Kopf!"

Der Papagei

Fragt die Kundin den Papagei:
„Willst du mich als Freundin kriegen?"
Fragt der zurück: „Kannst du fliegen?
Und legst du mir auch ein Ei?"

Die Fledermaus, die mit dem Kopf nach oben hängt

In dem alten Gehäuse
schlafen die Fledermäuse,
wie es sich gehört;
nur eine hängt verkehrt:
mit dem Kopf zum Gemäuer.
Fragt erstaunt ein Neuer:
„Ist das etwa ein Trick?"
„Nein, die hat ´nen Yogatick!"

Der untreue Spatz

„Ich hörte, du lässt dich scheiden.
Magst du ihn nicht mehr leiden?"

Die Spätzin sagt ganz leise:
„Mein Mann hat eine Meise."

Das Ultimatum der Spatzen

Zwei Spatzen sitzen auf dem Zweig
und schau´n dem Mädchen unten zu.
„Bald habe ich das Warten satt.
Falls sie uns“, droht der eine, „gleich
kein Stückchen abgegeben hat,
soll sie uns, wenn wir uns entfernen,
einmal von hinten kennen lernen!“

Kurzsichtiger Regenwurm

Nicht weit vom Gänseturm
schwor ein Regenwurm
seinem andern End´
ewige Lieb´ und Treu´.-
Meint jemand, den man kennt,
dass jeder stets am End´
sein eigener Partner sei.

Das Ultimatum des verliebten Regenwurms

„Ich weiß, dass du mich, Würmchen, liebst.
Wenn du mir nicht dein Jawort gibst,
dann werd´ ich etwas Schlimmes tun:
Ich werf´ mich vor das nächste Huhn!“

Im Elektroladen

Da steht ein kleines Huhn.
„Was kann ich für dich tun?“
„Ich hätte gern … Ich bitte Sie
um eine Legebatterie!“

Hennengezänk

„Meine Eier sind
Handelsklasse A,
deine sind nur B!“

„Wegen der paar Cent
tut mir auch der A
nicht wie deiner W!“

Trost

„Hör´ auf mit dem Geflenne!“,
ermahnt der Hahn die Henne.
„Kannst du keine Eier legen,
dann legst du eben keins.
Sei nicht traurig deswegen:
Wir adoptieren einfach eins!“

Fauler Hahn

Wenn wir morgens früh aufstehn
und die anderen Hähne krähn,
nickt unser Hahn, der faule Tropf,
nur zustimmend mit dem Kopf!“

Huhn indisch

„Da hat das dumme Huhn
doch einen Sari an! –
Was soll das wieder nun?“,
fragt der stolze Hahn.
„Das ist doch kindisch!“
„Nein, mein lieber Mann,
das ist ´Huhn indisch´!“

Große Wünsche

Sagt die Henne zum Hahn:
„So einen großen Strauß, bohei,
den hätt´ ich gern zum Mann!"

Sagt der Hahn zur Henne:
„Und so ein Straußenei,
das müsst´ du lege kenne!"

Fundstück

„Warum trägst du den Ring am Bein
statt ihn ins Fundbüro zu geben?"
„Es steht doch drauf *Auf ewig dein* -
und so behalte ich ihn eben!"

Der Ring

Kaum kommt ihr Ehemann nach Hause,
da schluchzt die Störchin ohne Pause.
„Der Ring, der Ring, ich wusst´ es ja,
ist von ´ner Braut in Afrika!"

Der Storch empört: „Du dumme Göre,
das ist nicht wahr, ich schwöre
bei Mohammed und seinem Barte:
Der Ring ist von der Vogelwarte!"

Müllprobleme

Fragt die Möwe
ihren Mann,
der im Sturzflug
Lieder grölend
heimwärts kam:
„Warst du wieder
auf dem Müllplatz?!"
Er sagt klug:
„Hick, oh (rülpsch), Schatz!"

Die Taubenmutter schimpft

„Das hab´ ich mir beinah´ gedacht:
Jetzt habt ihr wieder ins Nest gemacht.
Das will ich nicht noch einmal sehen.
Ihr sollt doch auf das Denkmal gehen!"

Die Wette

Die Eintagsfliege fliegt durchs Haus,
weicht grad noch einem Spinnnetz aus.
Die Spinne ruft: „Nur keine Müh´!
Dann krieg´ ich dich eben morgen früh!“
Die Fliege lacht ihr ins Gesicht:
„Wetten, dass nicht?“

Sagt die Fliege auf dem Leim,

das Landen sei recht angenehm;
das Starten sei nun das Problem.

Pflügende Fliege

Ein Ochse zieht den Pflug nach vorn.
Die Fliege sitzt am linken Horn.
Da setzt sich eine andere dazu
und fragt: „Was macht ´n du?“
Da brummt die erste Fliege:
„Du, stör´ mich nicht, - ich pflüge!“

Fliegen

„Gibt´s etwas Schöneres als Fliegen?“
„Ich weiß nicht, will Sie nicht belügen:
Ich mag die Tiere nicht. (So ein Idiot!)
Sie sind wohl Biologe?“ – „Nein, Pilot!“

Verkehrsfrage

Fragten sich Flöhe zur Abendstunde:
„Gehen wir zu Fuß?
Fahren wir mit dem Bus?
Oder warten wir auf Hunde?"

Begeisterung?

Fragt die Motte ihr Kind:
„Sag mal, wie sind
die Menschen da
draußen im Wohngelände?"

„Begeistert, liebe Mama!
Jeder, der mich sah,
klatschte in die Hände!"

Das Diner

Zwei Motten saßen in einem Sack.
Sagte zur andern die eine:
„Meine süße Kleine,
lass dieses Lumpenpack!
Heut´ führ´ ich dich ganz schick
zum Essen aus."
Da flogen sie in ein anderes Haus
und dinierten in Fliege und Frack.

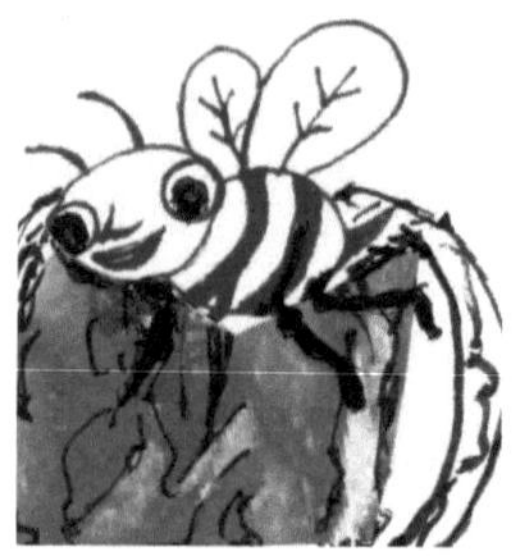

Blau-Weiß vs. Schwarz-Gelb[3]

Sitzt ein Schalker hinter´m Haus
bei Kaffee und Kuchen im Garten.
Da kommt ihn ´ne Wespe besuchen
und setzt sich auf den Pflaumenkuchen.
Ruft der Schalker empört:
„Dat is ja unerhört!
Zieh bloß dat Trikot aus in mein´ Garten!"

[3] Dies sind die Farben der beiden rivalisierenden Fußballvereine FC Schalke 04 und Borussia Dortmund.

2.

Ich bin die Weihnachtsgans, juchhe!
episch ernst & humorig

Rede des Versuchstieres

Wenn extreme Zeiten drohen
und die Menschen sehr verrohen,
bleiben nur an uns, den Tieren,
als „Platzhaltern" Eigenschaften,
die man sonst „human" nennt, haften.

Solche Zeiten gab es immer,
da die Menschheit schlimm und schlimmer
miteinander und uns Tieren
und der übrigen Natur,
ja, der ganzen Welt verfuhr;

Zeiten, da man ahnte, wusste,
dass man Menschen wünschen musste,
als ihr Bestes zu vertieren.
Dies scheint jetzt der Fall zu sein:
Menschen nennen sich schon „Schwein",
„Rindvieh", „Ziege", „Ratte", „Hund" …
Vielleicht wird nun die Welt gesund!

Besuch im Zoo

„Wie hat´s dir im Zoo gefalle,
Bub? War´s da nit schön?"
„Super! Denn da kann man alle
Schimpfwörter lebendig sehn!"

Der Schweinehund

Das ist mein innerer Schweinehund.
Da sitzt er draußen: dick und rund
Und außerordentlich massiv.
Er bleckt die Zähne aggressiv
Und lässt mich kaum mehr vor die Tür.
So ein gemeines, böses Tier!

Vor Jahren war er noch ganz klein
Und konnte liebenswürdig sein.
Zumeist gehorchte er aufs Wort.
Ich war noch fit und machte Sport.
Nun bin ich müde, faul und träge.
Der Grund ist diese Nervensäge!

Ja, früher war ich sehr aktiv
Und fleißig, während er schon schlief.
Doch irgendwie hat er´s geschafft:
Ich fühle mich so abgeschlafft.
Und bald verlier´ ich die Geduld…
Du Schweinehund bist daran schuld!

Bärenjahr

Die Jahre gehen hin wie immer;
es wird nicht besser, eher schlimmer.
Im Frühjahr bin ich zwar nicht prüde,
jedoch fühl´ ich mich frühjahrsmüde.
Im Sommer ich erst recht nichts schaff´:
Da bin ich von der Hitze schlaff.
Kaum fall´n im Herbst die Blätter, schon
bekomme ich ´ne Depression.
Im Winter, ja, da bin ich brav:
Dann halt´ ich meinen Winterschlaf.
Bald ist es wieder mal so weit.
Die Höhle ruft: Jetzt wird es Zeit.

Jung und alt

Der alte Elefant,
einst Herr der Herde,
geht krumm von Gicht
mit leidender Gebärde.
Der junge Fant,
der ihn nicht grüßt,
erkennt ihn scheinbar nicht.
Der alte Elefant
sagt still zu sich:
„Wenn er nur wüsst´,
dass er beizeiten ist
wie ich!“

Entschuldigung

Am Rand des Sees: ein Elch.
Er trinkt und sieht sein Bild
Und ruft entzückt: „Ah, welch
ein schönes, edles Tier!
Dabei so stark und wild!
Ich bin der König hier!“

Da kommt ein Bär und fragt:
„Was hast du da gesagt,
wer oder was du seist?“
Der Elch vor Angst schon matt:
„Man redet viel, du weißt,
wenn man getrunken hat!“

Konferenz der Tiere

Der Hase sprach vor den Tieren:
„Wir gehen auf allen Vieren
Wie Schafe, Kühe, Pferde
Und kriechen auf der Erde;
Wir können Berge erklimmen;
Wir fliegen in der Luft.
Der Mensch jedoch, der Schuft,
Nimmt uns den Lebensraum,
Verseucht das Wasser, fällt den Baum …“
Er kam nicht mehr zu Wort.
Da ging der Hase fort.
Nun klapperte der Storch
Und manche sagten: „Horch!“
Als nächster sprach die Kuh.
Die Zuhörer riefen: „Buh!“
Man redete dies und das
Und alle hatten Spaß.
Der Frosch sprach schließlich: „Quark!“
Das fanden alle stark.

Falsche Planstelle

„Du bist ja furchtbar mager!
Warum, wieso?“,
fragt ein Löwe seinen Schwager
im Zoo.
„Hat man dich vielleicht vergessen?“
„Ach, wo,
ich krieg nur grünes Zeug zu fressen.
Das ist so:
Ich habe zwar auf alle Fälle
in diesem Zoo ´ne feste Stelle,
doch die – das ist der Clou –
von einem Gnu!“

Das Krokodil vom Nil

Es war einmal ein Krokodil,
dem es am Nil
nicht mehr gefiel,
das dann zur Kur
nach Deutschland fuhr,-
zur Ruhr.
Dort schwamm es ganz allein
bei Duisburg in den Rhein,
von da bergauf zum Main;
bei Offenbach,
da wurde es allmählich schwach,
verendete in einem Bach.
Man recycelte das Krokodil
mit Stil.
Nur kurz so viel
zum Wie:
Der Dernier Cri[4]
der Lederwarenindustrie!

[4] Frz. „Letzter Schrei", neueste Mode.

Streitgespräch

„Ein schönes Rindvieh
muss ich gewesen sein,
grad dich zu lieben“,
sagt die Kuh zum Stier.

Und der entgegnet ihr:
„Nun, das ist übertrieben,
mein Schatzilein;
schön warst du nie!“

Kühe im Gespräch

Auf einer Weide lagen
Zwei Kühe mit Behagen.
Da sagt´ die eine: „Muh!“
Darauf die andre: „Du,
das wollt´ ich auch grad sagen!“

Liebeskummer

„Was ist denn mit deinen Kühen los?
Die sind so mager, als gäb´ es nur Moos.
Doch ihre Wiese ist grasgrün und dicht!“

Der Bauer schniefte und schnaufte:
„Seit ich den kräftigen Bullen verkaufte,
suchen sie nur noch Vergissmeinnicht!“

Kühe nach dem Alm-Abtrieb

„Was gab´s auf der Alm?“,
wollte das Dorfvieh erfahren.
„Von Gräsern und kurzem Halm“,
seufzten die Rinderscharen,
„nährten wir uns mit Mühe.“

„Aber gewiss hattet ihr“,
sagte ein jüngeres Tier,
einen schönen Stier?“
„Einen Stier?“, riefen die Kühe
mit bitterem Hohn.

„Nein, tut uns Leid,
´nen ollen Ochsen hatten wir;
der redete die ganze Zeit
nur in wehleidigem Ton
von seiner Operation!“

Humor[5]

Als man den todgeweihten Stier
Montagfrüh zum Schlachthof fuhr,
sagt´ er, als er sich besann:
„Diese Woche fängt ja gut an!“

---

[5] Nach S. Freud, *Der Witz und seine Beziehung zum Unbewußten*.

Appell bibelfester Hausschweine

Der Mensch beherrscht die ganze Welt,
er, der uns klont und Bäume fällt,
gibt sich anscheinend selbst den Rest
mit BSE und Schweinepest,
weil er Natur zubetoniert,
uns ständig quält und schikaniert.

Mensch, nimm das Buch der Bücher, lies:
„Der Gerechte erbarmt sich seines Viehs.“[6]

[6] Sprüche Salomos 12, Vers 10: „Der Gerechte erbarmt sich seines Viehs; aber das Herz der Gottlosen ist unbarmherzig.“

Die Fusion

Sagt das Hühnchen zum Schwein:
„Gründen wir einen Verein!
Besser: wir fusionieren.
Du gibst den Schinken, ich das Ei.“

Ruft das Schwein: „Owei, owei!
Ich muss doch dabei sterben!
Du willst mich wohl beerben!“

Entgegnet das Huhn dem Schwein:
„Das kann durchaus sein,
gehört doch quasi zum guten Ton,
dass einer draufgeht bei ´ner Fusion.“

Kaninchenkauf

„Ich hätte gern ein Kaninchen,
und zwar für mein Wilhelminchen.“
„Da haben Sie nun die Qual der Wahl,
zum Beispiel hier diesen Mohren?
Oder eins mit flauschigen Ohren?“
„Ich denk´, das ist dem Python egal!“

Eine spannende Ehe

Ein einsamer Wolf, der aus der Kälte kam,
Auf einem Hinterbein schon etwas lahm, -
Oh, nein, er wollte nicht mehr weiter reisen,
Nur noch diese Schafherde umkreisen.

Und wie ihn der Hunger um die Herde trieb,
Gewann er eines von all den Schafen lieb.
Voll Zärtlichkeit betrachtete er es von fern.
Dies Schäfchen hatte er nicht zum Fressen gern.

Das wollige Tier, es blieb nicht ungerührt.
Es hatte längst Neigung zum Wolf verspürt –
Und mehr; es fühlte sich von ihm erwählt.
Beiden war klar, dass nur die Liebe zählt.

So kam es bald auch, wie es kommen musste:
Der Wolf nahm sich sein Schäfchen, das bewusste,
Zur Frau; das Schaf nahm ihn zum Ehemann,
So dass für beide ein neues Leben begann:

Beide verliebt, - das Schaf, nun ohne Herde,
Jedoch voll Sorge, dass es gefressen werde;
Der Wolf voll Angst, dass er die Tat begehe ...
Es wurde also eine spannende Ehe!

Wissbegierig bis zuletzt

„Du bist – Gott sei Dank! –
gewiss der Todesbote?“,
fragte der Kojote
schwach und sterbenskrank;
er sah nur schwarze Schleier.
„Ich bin der graue Geier,
ernähre mich von Aas!“
„Aas? Wie schreibt man das?“
„Ich glaube, mit zwei A´s.“
„Aha. Und wie den ´Geier´?“
„Großes G und kleine ´eier´.“
„Ich kenne das Wort ´geiern´
wie umgangssprachlich ´reihern´ -
und das sind beides Verben.“
„Hör´ auf mit diesem Scheiß!
Gib Gas, ich habe Schmacht!“
„Ja, gut, ich weiß
nun alles…Die zwei A´s.
Hab´s weit gebracht,
kann nun in Ruhe ster – .“

Der Blattschuss

Das Häschen knabbert hier,
dann dort am grünen Klee.
Der Jäger sieht das Tier,
denn dies ist sein Revier.
Oh, weh, oh, weh!

„Was soll´s! Ich fand soeben
vier Blätter Klee am Stück,
das hat mir Gott gegeben,
das rettet mir das Leben,
das bringt mir Glück!"

Es hebt das Kleeblatt sacht,
vertraut auf Seinen Ratschluss.
Des Jägers Büchse kracht.
Der Hase aber lacht:
„Ein echter Blattschuss!"

Mittelwert

Drei Statistiker geh´n auf die Jagd,
was dem Hasen, der sie kennt, nichts macht:
Auf dem Feld zeigt er sich ihnen offen.

Der Erste zielt, schießt links vorbei.
Der Zweite zielt, schießt rechts vorbei.
Sagt der Dritte: „Mittelwert: getroffen!"

Der fette Igel

Es war einmal ein Igel,
der hatte einen Spiegel
und sah sich damit an:
Er fand sich wohlgetan.

Er aß gern Katzenfutter,
sogar mit etwas Butter -
und wurde dick und fett.
Er fand sich nicht mehr nett.

Einigeln ging nicht mehr…
Da kam ein Fuchs einher.
Für den war, liebe Leute,
der Igel leichte Beute.

Und die Moral? Mal ehrlich!
Wer fett ist, lebt gefährlich.

Berufsberatung für eine Maus

„Auf dem Arbeitsmarkt, mein Kind,
wo die Technik stets gewinnt,
sieht es gar nicht rosig aus.
Aber als Computermaus
schaffst du´s, steigst sogar nach oben!"

„Würde dir das denn gefallen?
Da wird man doch nur von allen
immer hin- und hergeschoben!"

Fehleinschätzung

„Du stehst genau im hellen Licht.
Schnell fort von dem Laternenpfahl!
Da kommt nämlich – ich fürchte sehr -
von links ein schwarzer Kater her!“

„Ist mir als kluger Maus egal.
Denn abergläubisch bin ich nicht!“

Der Feinschmecker

Da liegt es nun, das gute Buch,
Stets zur Stelle, doch alt genug.
Sieh an den Ecken die tiefen Lücken!
Eine Maus wird dort geknabbert haben,
Um ihren Gaumen daran zu laben –
An meinen „Ausgewählten Stücken“.
Mäuslein, Mäuslein, das ist nicht fein,
Als Maus ein Feinschmecker zu sein!

Am Forsthaus tanzt die Weihnachtsgans[7]

„Ich bin die Weihnachtsgans,
ich bin die Weihnachtsgans,
ich bin die Weihnachtsgans, juchhe!",
singt eine Gans und tanzt im Schnee.

Kommt der Fuchs zum Försterhaus.
„Die Gans sieht nicht geheuer aus. –
Du bist wohl nicht ganz dicht!"
Darauf die Gans: „Du, sag das nicht!",

[7] In: Rainer Madsen, *Im Glanz der Kerzen.Weihnachtsgedichte*, Fromm Verlag: Beau Bassin 2018, S. 10.

und tanzt den Ententanz und singt:
„Ich bin die Weihnachtsgans,
ich bin die Weihnachtsgans..."
„Eine Gans, die singt, - wie das klingt!",
sagt der Fuchs, „doch gleich ist's aus!"

„Wenn du mich frisst, du Idiot,
schießt dich der Förster tot!
Bin des Försters Weihnachtsgans,
ich bin die Weihnachtsgans,
ich bin die Weihnachtsgans, juchhe!"

„Was soll das heißen?", fragt der Fuchs,
„'des Försters Weihnachtsgans'?
Du machst wohl einen Jux!"
„Heiligabend komm ich auf den Tisch
als Bratgans und statt Fisch!"

„Das ist doch bald, du dumme Gans!
Es liegt schon Schnee und ist sehr kalt!"
„Ich weiß, ich werde nicht sehr alt;
doch bis Weihnachten leb' ich halt!-

Ich bin die Weihnachtsgans,
ich bin die Weihnachtsgans,
ich bin die Weihnachtsgans, juchhe!"

Der Weihnachtsesel[8]

„Es heißt (wer immer das kapiert),
hier sei was Heiliges passiert
mit dieser Frau und diesem Kind.
Und alle sind ihm wohl gesinnt,
die hierher kamen und es sahen.
Dazu kann ich doch nur iahen.

Jetzt sage ich mal ohne Scheu:
Das in der Krippe ist *mein* Heu.
Ich will hier nicht im Stall vergammeln,
ich muss rasch meine Kräfte sammeln:
Demnächst soll´s nach Ägypten gehn,
da braucht man mich, ja, wunderschön!

Doch dies Theater um die Mutter!
Ich frage nur: Wo bleibt mein Futter?
Und warum machen sie so ´n Wind
um dieses kleine Menschenkind?
Das liegt in *meiner* Futterkrippe.
Ich sage euch: Das ist ´ne Sippe!" –

Als Mann sprach später Jesus Christ:
„Man soll dem Armen Nahrung geben
und Zeit und auch die Bildung heben.
Der Hungrige und Eilige
hat keinen Sinn fürs Heilige,
erst recht wenn er ein Esel ist."

---

[8] In: Rainer Madsen, *Im Glanz der Kerzen. Weihnachtsgedichte*, Fromm Verlag: Beau Bassin 2018, S. 28.

Das Küken[9]

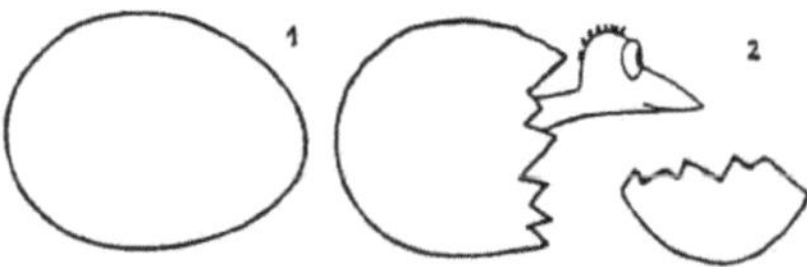

Ich glaub´, da regt sich was im Ei.
Sieh nur, da geht es schon entzwei!
Ein Küken streckt den Kopf heraus.
Zuerst schaut es geradeaus,

dann blickt´s nach rechts und sieht dich an,
schaut rückwärts jetzt, so weit es kann,

und kriecht zurück ins Ei hinein
und schließt sich wieder darin ein.
Vermutlich hat´s genug geseh´n
und fand die Welt nicht grade schön.

---

[9] Der Urheber der Zeichnungen konnte leider nicht festgestellt werden.

Enttäuschte Liebe

Ich wünschte mir,
dass du mich wärmtest.
Du aber sangst
die ganze Nacht.

Ich erhoffte mir
einen Regenwurm.
Du aber schenktest mir
eine Rose.

Ich erwartete
feste Halme fürs Nest.
Du aber kamst
mit einer Flaumfeder.

Ich brauchte deine Hilfe
beim Brüten.
Du aber flogst
heimlich davon.

Gesang einer Amsel,
die nicht einschlafen konnte

Lampenschein, Lampenschein,
ich schlafe nicht ein
und bin doch so müde.

Und lüde
man mich zur Wurmfete ein,
ich sagte doch nein, ich sagte nein.

Alles tanzt mir im Kopf herum
mit Gesumm, mit Gebrumm.

Lampenschein, Lampenschein,
lass doch das Scheinen sein!

Lösch dein Licht, lösch dein Licht,
sonst schlaf ich nicht
ein.

Die geduldige Schnecke

Die alte Schnecke kriecht im Mai
Am Stamm hinauf von einem Apfelbaum.
Ob sie wohl lebensmüde sei?
„Vielleicht sucht sie nach ihrem Traum?“
So spottet eine Nachbarin.
„Ich möchte gerne Äpfel essen!“
„Es ist doch Mai, du meine Güte!
Hast du das wirklich schon vergessen?
Der Apfelbaum steht erst in Blüte!“
„Warte, bis ich ganz oben bin!“

Ballade vom blauen Schmetterling

Eine Raupe in Brennnesselblättern:
Dort neckten, verlachten es ihre Vettern,
weil sie so unscheinbar, hässlich war.

Da zitterte traurig ihr Fühlerpaar,
und sie kroch noch tiefer und blieb allein
und – sponn sich ein.

Dort blieb sie lange Zeit verborgen,
bis sie an einem Frühlingsmorgen
einen Sonnenstrahl gespürt.

Da hat sich auf einmal das Püppchen gerührt,
und heraus zwängte sich – ein Schmetterling,
den die Sonne warm empfing.

Und die Vettern riefen: „Schau,
die Flügel! Welche ein Blau!
Es könnte fast vom Himmel sein!"

Was die Verwandtschaft unten rief,
er beachtete es kaum.
Er reckte sich und atmete tief

und schwang sich in den freien Raum,
flog in den blauen Himmel hinein.

„Gleich und gleich“[10] im Herbst

Eine traurige Aster
Stand frierend am Gitterrand,
War spät erblüht
Im herbstlichen Land.

Da kam ein zerzauster Falter,
Der konnte sie zärtlich betören.
Die müssen wohl beide
Zusammengehören.

Festtags-Stille

Die Glockenblume zart und fein
Läutet einen Festtag ein.
Der Käfer dazu singt und geigt.
Ringsum wird´s auf einmal still:
Denn wer da mitfeiern will,
Der schweigt.

[10] Titel eines Gedichts von J.W. Goethe.

Robbenglück

Mein Eisberg
im Nordmeer.
Und niemand weiß,
wie tief er
ins Unergründliche
reicht.

Vielleicht
die größte aller Wonnen:
Einsam liegen
und sich im Eise
sonnen.

Manchmal
tauch´ ich hinab
und staune;
bleibe lange
dort unten
im Dunkeln,
lausche dem Geraune
der Tiefseebewohner
oder folge den Schwärmen
der Fische.

Doch gerne
komm´ ich zurück.
Mit ihrer letzten Glut
wird mich die Sonne wärmen …
Wie die Sterne
funkeln!
Der Hering
schmeckte gut.

Kunst und Kapital

Ein Fischlein formte
lauter schöne Kreise
aus Luftbläschen
und dachte,
dass es ein Künstler wär´.
Doch ein Fischhäschen
sagte, indem es lachte,
wenn es außer Nullen
noch Einser könnte,
wär´ es Millionär.

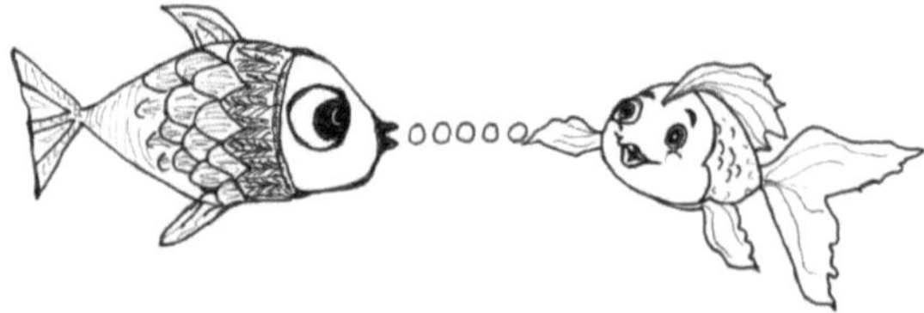

Chaostheorie: Der Pups eines Helgoländer Hummers kann einen Tsunami im Pazifik auslösen.

Ein Helgoländer Hummer,
der hatte großen Kummer,
im Bauch auch echte Wut.
Er machte sich wohl Sorgen
schon wegen übermorgen
(nicht nur, was ihn betrifft,
s.o. die Überschrift!)
Doch bald war ihm das schnurz:
Es gab dann einen Furz.
Seitdem ist alles wieder gut.

Fischhochzeit

Ein Trauermäntelchenmännchen trauerte sehr,
weil es kein Trauermäntelchenweibchen hatte.
Da schwamm ein Trauermäntelchenweibchen her,
dem fehlte ein Trauermäntelchengatte.
Und wie das Trauermäntelchenmännchen
das Trauermäntelchenweibchen
und das Trauermäntelchenweibchen
das Trauermäntelchenmännchen,
wie eines das and´re erblickte:
Wie jedes da ruckte und zuckte
und nickte und pickte!
Wie sie tänzelten und schwänzelten
und wie lustig sie spielten!
Und wie die anderen Fische schielten,
als Taruermäntelchenmännchen
und Trauermäntelchenweibchen
Hochzeit hielten!

Gebet der Wassertiere

Der uns umwacht,
erheb´ uns,
Geist, in deine Macht,
und in dein Reich.
Sei uns gnädig drüben
und erlös´ uns
von dem trüben
Schmerzensteich!

Annelide

Annelide, ach, Annelide,
du bist die Schönste der Welt!
Du gleichst keiner der Pflanzen
auf erdigem Feld.
Im Schwingen und Wehen,
im leichten Sich-Drehen
wie Tanzen
öffnet sich
dein gefiedertes Haar.
Doch im Augenblick
geahnter Gefahr
zuckst du zurück
in den Röhrenturm. –
Anneliede, ach, Annelide,
ich mag dich, du Ringelwurm!

Muschel – Kontaktanzeige

Bin eine süße Puschel - Muschel
im weichen Bett am Strand
und suche eine Wuschel - Muschel
zum Kuscheln im feinen Sand.

Wiegenlied für eine Qualle

Du kommst in einer blauen Woge her
und schwebst in einer grünen Woge hin.
Kommst wieder her,
schwebst wieder hin.
Wo kommst du her?
Wo schwebst du hin?
Woher?
Wohin?
Her und hin
und hin und her.
Und niemand weiß, woher.
Und niemand weiß, wohin.
Nur her und hin
und hin und her.
Du kommst in einer blauen Woge her
und schwebst in einer grünen Woge hin.
Woher?
Wohin?

3.
Eine Qualle gibt stets nach
sprichwörtlich & zitatig

Weisheiten über Tiere
alphabetisch

Will Gott die *Ameise* verderben,
Lässt er Flügel sie erwerben.
Blindschleichen sind keine Schlangen.
Zehn *Büffel* können einen Fuchs nicht fangen.
Das *Chamäleon*,
Wer weiß das schon,
Kann sich in vielen Farben zeigen.
Doggen man in Zwingern hält;
Drachen lässt man steigen.
Auch einer *Elster*, die als diebisch gilt,
Wird schon mal ein Ei gestohlen.
Flöhe gehören zur Herde.
Die wildesten *Fohlen*
Werden die besten Pferde.
Die eigenen *Gänse* hält man für *Schwäne*.
Der Fuchs frisst auch gescheite *Hähne*.
Damit der *Hund* ihn nicht fressen kann,
Hat der *Igel* ein Stachelkleid an.
(*Igel* ohne Stacheln gibt es nicht.)
Der *Jaguar* scheut das Büchsenlicht.
Die *Katze* predigt Mäusen: Liebe, Hoffnung, Glaube.
Aus einer *Krähe* wird nie eine Taube.
Die alte *Kuh* meist leicht vergisst,
Dass sie ein *Kalb* gewesen ist.
(Doch manche *Kuh* ist selber
Schlimmer als die *Kälber*.)
Eine *Lerche*, die singt,
Noch keinen Sommer bringt.

Maikäfer sterben an Chemie.
Mücken stechen gern ins Knie.
(Grasmücken jedoch nie.)
Die *Nachtigall* muss man nicht Singen lehren.
Ein *Ochse* kann sich nicht vermehren.
Wer sein *Pferd* plagt und sein Rind,
Hält´s oft auch schlecht mit Frau und Kind.
Eine *Qualle* gibt stets nach.
Ratten klettern bis aufs Dach.
Spatzen pfeifen gern von dort.
Der *Tauber* gurrt an jedem Ort.
Was dem einen sin *Uhl*,
Lässt den anderen cool.
Vögel fliegen nie bei Sturm.
In weichen Birnen nagt ein *Wurm*.
Junge *Xenositen*[11]
Leben auf Kosten von Dritten.
Was das *Yak*[12] frisst,
Wird stets Mist
(Der für Tibeter Brennstoff ist).
„Dann wollen wir!“,
Sagt das *Zugtier*,
Wenn es muss.
(Bei Z ist Schluss.)

[11] Schmarotzer.
[12] Eine in Zentralasien verbreitete Rinderart.

Sprichwort-Kette

Die *Maus* hält
ihren Speck für die *Welt.*
Wer sich auf die *Welt* verlässt,
hat den Aal beim *Schwanz* gefasst.
Beim *Schwanz* soll man
das *Pferd* nicht zäumen.
Auch ein gutes *Pferd*
kommt mal ins *Stolpern.*
Wer ins *Stolpern* kommt,
ist dem *Falle* nahe.
Der Speck in der *Falle*
erfreut keine *Maus.*

Von unten gesehen

„Wie kann er das bloß machen?!“
Das Niederwild bestaunt den Affen,
Der nun den Stamm hochklettern will.

Dann wird die Menge plötzlich still,
Manche müssen sogar lachen.

Zwar wird er es problemlos schaffen,
Doch je höher der Affe steigt,
Desto mehr er den Hintern zeigt.

Schade!

Der Zirkusdirektor ist völlig down.
„Die lustige Nummer könnt ihr vergessen:
Der Löwe hat an dem Clown
Einen Narren gefressen!“

Katzen

Du musst dich nicht verstecken.
Doch hüte dich vor den Katzen,
die vorne lecken
und hinten kratzen!

Rennpferde

Dass man immer schneller werde
ist das Ziel der Rennpferde.
Doch wer danach strebt,
im Galopp nur lebt,
eilt bald im Trab
in sein Grab.

Schweinefutter

Wer sich wie die Mäuse unter Kleie mischt,
wird als Beifraß den Säuen aufgetischt.

Der rechte Ort

Sagt der Bock zur Ziege:
„Du weißt, dass ich nicht lüge.
Ich kenne eine Wiese,
die besser ist als diese;
dort äsen sonst nur Hasen."
Die Ziege hebt das Kinn:
„Wo ich angebunden bin,
da muss ich grasen."

Ratschläge für Grashüpfer

Passt euch nicht an!
Hüpft und habt Acht!
Bleibt nicht liegen!
Wer nicht springen kann
Und sich grün macht,
Den fressen die Ziegen.

Schafsbrauch

Unter Schafen
Gibt´s den Brauch:
Wenn ein Schaf blökt,
blöken die anderen auch.

Kuh-Tipp für Töchter

Du, mein liebes Kind,
sei ein kluges Rind!
Suchst du einen Mann,
denke stets daran:
In den größten Boxen
sind oft die dümmsten Ochsen.

Kontrast

Wo kleiner Rauch ist,
hat man viel Mühe
und wenig Fett.
Wo großer Rauch ist,
legt man die Kühe
ins feine Bett.

Chamäleon

Es tut, was es kann:
Es passt sich gut an.
Es will auch was gelten,
Errötet, erbleicht,
Verändert sich leicht, -
Doch bessert sich selten.

Gänseweisheit

Ist der Fuchs scharf auf die Gans,
wedelt er mit seinem Schwanz.

Ohne Appetit

Die gefangene Maus
Ist starr vor Schreck.
„Sie kommt nicht mehr raus
Und hat so viel Speck!",
Rufen die anderen alle.
„Friss ihn doch weg!"
Doch die Maus in der Falle
Erfreut kein Speck.

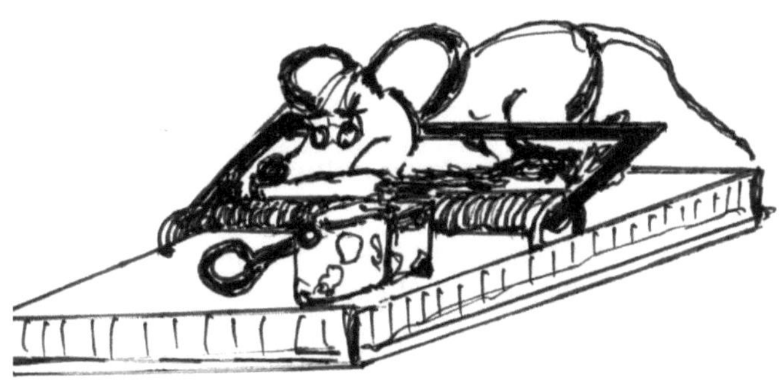

Vogelweisheit

Fliege nicht eher, mein Kind,
als dir Federn gewachsen sind!

Spruch der Gabelweihe

Besser ist
Ein kleiner Fisch
Im Schnabel
Als zwei große
Auf der Gabel.

Storchenrat

I
Setz´ einen Frosch auf goldnen Stuhl,
das wird dir nicht gelingen:
Er hüpft doch wieder in den Pfuhl.
Darum den Frosch sogleich verschlingen!
II
Wer eine Kröte finden will,
muss lange
still
stehen.
Und wer eine Kröte fressen will,
darf sie nicht lange
besehen.

Der faule Hahn

„Der Morgen kommt - ich wette -,
Auch wenn ein Hahn nicht kräht“,
Sprach der Hahn im Bette
Und hat sich umgedreht.

Sagte die Lehrperson zum Glühwürmchen,

unter allem, was keuchte und fleuchte,
würde es nie eine große Leuchte.

Bedenke, woher du kommst!

Rühme dich nicht, Raupe Nimmersatt,
deiner Herkunft! Hör´ auf des Schwarzen Rat!
Denn dein Vater war zwar ein Weißer,
doch ein gewöhnlicher Kohlscheißer!

Die großen Verwandten

Ein Schwarm von Mücken
Fliegt über den Zoo.
Eine ruft voll Entzücken
Auf einmal ganz laut: „Hallo,
Da unten sind Elefanten! –
Hättet ihr das gedacht?
Das sind die Verwandten,
Die man aus uns macht!"

Aus der Haischule geplaudert

Uns Haien ist bekannt:
Ein Mensch im Wasser
Ist viel besser
Als *zwei* am Strand.

Heringsrat

Denkt daran, ihr Heringskinder,
dass ihr *gerade* schwimmen sollt,
wenn ihr nicht im nächsten Winter
dicke Rollmöpse werden wollt.

Die Genesung

„Sag mir, was dein Goldfisch macht:
Gestern sah ich dich noch weinen,
Als du ihn zum Arzt gebracht."
„Er ist schon wieder auf den Beinen."

Geschäftsleute

„Mir hat man das Wasser abgegraben",
jammert der Fisch am Telefon,
„alles trocken und der Grund ist Salz!"

„So gut wie du möcht´ ich´s auch haben",
sagt das Nilpferd im Klageton,
„mir steht das Wasser bis zum Hals!"

Wenn ich ein Seeigel wär´

Wenn ich ein Seeigel wär´,
umgäbe mich sauberes Meer,
hätte dann Stacheln statt Beine;
Schlimmes käme mir nicht in den Sinn. –
Doch weil ich ein *Schweinigel* bin,
denke ich nur an das Eine.

Wunschtraum des verschmähten Brummers

Wenn ich ´ne Spinne wär´
und auch ein Spinnnetz hätt´,
fing ich dich, Liebste, ein.
Da gäb´ es kein Entrinnen.
Ich würde dich umspinnen:
Dann wärst du endlich mein.
Da ´s aber nicht kann sein,
hoff´ ich, dass dich, Fliege,
die fette Spinne kriege.
Sie wird dich dann umspinnen.
Da gibt es kein Entrinnen:
Jeder stirbt für sich allein.

Wenn ich ein Igel wär´

Wenn ich ein *Igel* wär´,
igelte ich mich ein.
Und wäre ich ein *Wurm*,
das wurmte mich ungemein.
Wär´ ich jedoch eine *Schlange*,
schlängelte ich mich heran.
Wenn ich ein *Vöglein* wär´, -
Im Volkslied steht, was dann!

Zum Schluss

Zum Schluss als Dank
Ein altes Bonbon:
Besser ´ne Mieze im Fond[13]
Als ein Tiger im Tank![14]

---

[13] Rücksitz im Auto.
[14] Der Tiger ist eine Werbefigur des Mineralölunternehmens Esso. 1965 erschien von ESSO eine Single mit dem von Ralf Bendix gesungenen Werbelied „Pack den Tiger in den Tank".

4.

Die Katze zieht ins Miez – Haus
sprachspielerisch & verspielt

Wer den Wal hat, hat die Qualle – Zitaten-ABC mit kleinen Fehlern

A Was *Aale* trifft, erträgt man leicht[15];
Sie schätzen nur, was ihnen gleicht.
Und wessen größter Lebenszweck
B Ist *Borstenvieh* und Schweinespeck[16]?
C „*Carpfen* diem“[17], das heißt vielleicht:
Fisch dir den Tag, bevor er verstreicht.
D Zum Gebrauch für den *Delphin*[18]:
Das waren Bücher nur für IHN.
E Die dicke *Ente* kommt nach.
Ein *Erpel* hielt die Prinzessin wach.[19]
F Bei *Fisch* soll Freude den Vorsitz führen.
G Der *Gaul*, die Wundermähr, fühlt ein menschliches Rühren.[20]
H *Hai*, rate oder nicht, du wirst beides bereuen![21]
I Wer den *Igel* streicheln will, darf die Stacheln nicht scheuen.
J *Johanneswürmchen* geht, und nimmer kehrt es wieder.[22]
K Wo das *Kamel* singt, da lass dich ruhig nieder.[23]
L ... Unter *Larven* die einzig fühlende Brust.[24]
M Das Wandern ist des *Maultiers* Lust.[25]
N Was von *Nerzen* kommt,
Das geht zu *Nerzen* prompt.

---

[15] Vgl. K.W. Ramler, *Fabellese.*
[16] Vgl. J. Strauß, *Der Zigeunerbaron.*
[17] Vgl. Horaz, *Oden.*
[18] Vgl. lat.: ad usum Delphini (Zum Gebrauch für den Dauphin, den französischen Thronfolger).
[19] Vgl. H.C. Andersens Märchen *Die Prinzessin auf der Erbse.*
[20] Anspielung auf F. Schillers Ballade *Die Bürgschaft.*
[21] Anspielung auf eine Äußerung des Philosophen Sokrates.
[22] Vgl. F. Schiller, *Die Jungfrau von Orleans.*
[23] Vgl. J.G. Seume, *Der Gesang.*
[24] Vgl. F. Schiller, *Der Taucher.*
[25] Vgl. das Volkslied *Das Wandern ist des Müllers Lust.*

O „*Oktopus*, das will mir nicht gefallen!“[26],
Hört man den Taucher lallen.
P Ich frage nur bei edlen *Pfauen* an [27],
Q Wie ich des Herzens wilde *Quallen* zähmen kann.[28]
„Sich regen bringt Segen“,
R sagte der *Regenwurm* im Regen.
S Ist das *Schwein* im Manne,
Ist der Verstand in der Kanne.
T In *Termiten* wirst du am sichersten gehen.[29]
U Im Falle eines Falles kann der *Uhu* alles sehen.
Vier Augen seh´n zwar mehr als zwei,
V Ein *Vierauge* aber weniger als drei.
W Freut euch des Lebens, weil noch das *Würmchen* glüht![30]
X Zahme *Xenien*[31] sucht man vergebens,
weil Dichtung im Verborgenen blüht.
Y Auch den *Yeti*[32] wird man kaum entdecken.
Z Es wächst der Mensch mit seinen größern *Zecken.*[33]

Eulenflucht[34]

Die Katze zieht ins Miez-Haus.
Im Mausoleum ruht die Maus.
Der Läufer legt sich auf den Tisch.
Im kühlen Flussbett schläft der Fisch.

Evaluation im Hühnerhof

Die Brutalität unserer Hennen: normal.
Die Legalität ist noch nicht optimal.

---

[26] Vgl. F. Schiller, *Wallensteins Tod.*
[27] Vgl. J.W. Goethe, *Torquato Tasso.*
[28] Vgl. F. Schiller, *Wilhelm Tell.*
[29] Vgl. Ovids Geschichte von Dädalus und Ikaru.s
[30] Vgl. J.M. Usteri, *Tischlied.*
[31] „Zahme Xenien“ hat J.W. Goethe eine Sammlung von Denk- und Weisheitssprüchen genannt, die einen wichtigen Teil seines Alterswerks bilden.
[32] Yeti oder Schneemensch: ein zweibeiniges, behaartes Fabelwesen des Himalaya.
[33] Vgl. F. Schiller, *Wallensteins Lager.*
[34] Norddeutsch: Abenddämmerung.

Zelten in Brehms Tierleben[35] - Welt

Heute abend steht mein Zelt
In einer fremden Welt.
Der Zebrahund bellt:
Ein Bienenwolf jagt Rehkäfer
Und ein großer Ameisenbär
Streift in der Nähe umher.
Doch ruhig äsen
Zwei Eselhasen
Auf dem Rasen.
Ich kann in der Abendsonne liegen
Und schau´ nach jenen Habichtsfliegen,
Die sich in den Lüften wiegen.
Da stampfen Elefantenläuse durch das Gras:
Das Lachshuhn wird vor Schrecken blass;
Der Fischkrebs flieht ins kalte Nass.
Ein Fledermauspapagei huscht vorbei;
Ein Hirschkäfer hebt das Geweih.
Im Wasser lauert der Katzenhai.
Ich aber, ich verstecke
Mich unter meiner Decke
Vor einer Gespenstschrecke.

[35] Die im Folgenden vorkommenden Bezeichnungen für Tiere finden sich alle in „Brehms Tierleben“.

Scherzfrage

Welches Tier
hat mehr Beine:
Ein Hund
oder kein Hund?

Ein Hund
hat vier,
kein Hund
hat fünf Beine.

Zählen

„Höre gut zu,
meine Kleine:
Wie viele Beine
hat die Kuh?
Gib gut Acht!“

„Zwei vorne,
zwei hinten,
zwei links
und zwei rechts:
Also – acht!“

Zahlenspiel

1 Horn
2 Zähner
3 Klauer
4 Auge
5 Fehl

6 Strahlschwämme
7 Punkt
8 Ender
9 Töter
10 Füßer
11 Fehl

12 Punktspargelkäfer
(100 Füßer)
(1000 Füßer)

Literaten

Buchstabenfrosch
Buchdrucker
Buchfink
Bücherwurm

Erfahrungen einer Moosschnepfe

Sieh nur die jungen Bäume im Wald:
Sie sind zwar kräftig und groß,
aber erst, wenn sie alt sind,
haben sie meist das nötige Moos.

Zwei Stein-Fische

„Steinbutt heiß´ ich
Und bin hart wie Stein!
Hier befehle ich allein!“

„Ja, das weiß ich,
ist jedoch nicht richtig.
Du nimmst dich zu wichtig.“

„Wer bist *du* denn, Scheißer?“
„Man nennt mich den Steinbeißer!“

Messer, Schere, Gabel, Licht

Messerfische fürchten
Den Scherenschnabel.
Gabelweihen jagen
Im Licht der Leuchtkäfer.

Tunfisch und Wal

Fragt der Wal den Tunfisch:
„Was sollen wir tun, Fisch?"
Darauf der Tunfisch:
„Da hast die Wahl, Fisch!"
„Man schreibt ´Wal´ nicht mit ´h´
Und zählt mich nicht zu den Fischen!
Ich bin nämlich ein Säugetier,
Und dabei riesengroß!"
„Dann säuge doch, Tier!
Übrigens: ´Tun´ schrieb man früher mit ´h´
Und ohne ´h´ inzwischen.
Wir sind also beide ´h´-los."

Giraffengeil

Es gab ein Urtier,
das hieß Gir.
Mit überlangem Hintern
war schwer zu überwintern;
so ist es ausgestorben.
Doch es wurde heiß umworben
von einem schrägen Urtier-Affen
und machte sich mit ihm zu schaffen:
Es wurde mit ihm
dann sehr intim.
Letztendliches Ergebnis war ein Wesen
mit einem Hals lang wie ein Besen
oder besser: dessen Stiel.
So endete das Spiel
des Längen-Gens hier jedenfalls
in dieses neuen Tieres Hals
und nicht in seinem Hinterteil.
Das fanden die Giraffen geil.

Neues Lexikon der Tiere

Der Frost hat die Namen verschandelt:
Die Erstbuchstaben sind verloren!
A **A**meisen sind in Meisen verwandelt,
so ist der Meisenbär geboren.
B Der **B**arsch besteht nur noch aus Arsch.
Aus **B**ohr- ist Ohrmuschel geworden.
C Rex (einst **C**rex[36]) mit einem Orden
befiehlt den Wiesenrallen „Marsch“!
D Ein Rehwurm sucht nach seinem **D**.
und Ingo heißt der Hund da drüben.
E Der Isente tut´s vorne Weh (ihr fehlt das **E**).
F Wo sind die **F**alken nur geblieben?
Als Alken hat man sie gefunden.
Die Ledermaus war kurz vorher
verwandt mit Flughunden.
G Sogar die **G**eier gibt´s nicht mehr,
nur Eier findet man im Nest.
H I Einst: **H**ase, **I**gel – Alt-Bekannte:
Nun: Ase, Gel, - oh, welch ein Rest!
J Der Junikäfer hat Verwandte,
sogar Gelehrte sind darunter,
der Unikäfer beispielsweise.
K Als Röte wirkt die **K**röte bunter.
Nicht alle Altblüter sind Greise.
Was sonst so durch die Gegend schweift!
Der Eierschwanz ist fast obszön;
als Vogel schwarz-rot-gold gestreift
L und mit der **L**eier war er schön.
M **M**angaben lebten in Afrika,
meerkatzenartig war das Tier.
Jetzt kennt man nur Angaben da.

---

36 Wachtelkönig, eine Gattung der Rallen.

N Von **N**adelfischen wissen wir:
Ihr Lebensraum war stets ein Darm.
Seit sie dem Adel angehören,
sind sie so manches Fisches Schwarm;
Seegurken können das beschwören.
Aus Persien kam der Pferde-Schwager,
O Einhuferart mit **O**nager-Namen,
Halbesel, - nun: ein reiner Nager.
P Das Erlhuhn pickt nach **P**erlensamen.
Q Wer nahm sich wohl das **Q** geschwind
von der so Alle werdenden **Q**ualle?
R Eisvogel ist des **R**eisvogels Kind;
den Eisstar bejubeln heut´ alle.
S Die **S**amtente hat jetzt ein Amt.
T Das **T**eichhuhn ist an Eichen reich.
Das eine Tier verlor den Samt,
das andere vermisst den Teich.
U Der **U**hu heißt (chinesisch?) Hu.
V Der Pfau hört sich jetzt an wie **V**.
W Das **W**iesel, hört man nicht gut zu,
ist eselhaft geworden. – Schau,
die **W**achtel ist nur noch ein Achtel!
Den **W**al verwechselt man mit Aal.
X Y Den **X**iphosuren[37] und dem **Y**ak
ist es anscheinend ganz egal,
ob Iphosuren oder Ak.
Z Der **Z**eisig wird auf einmal Eisig.
Er fühlt, wie ihm die Sinne schwinden, -
verloren irgendwo im Reisig …
Im Frühjahr wird sich alles finden!

---

[37] Pfeilschwanzkrebse.

Printed by Books on Demand GmbH, Norderstedt / Germany